this book belongs to

PART 1

Tracing Letters

Alphabet

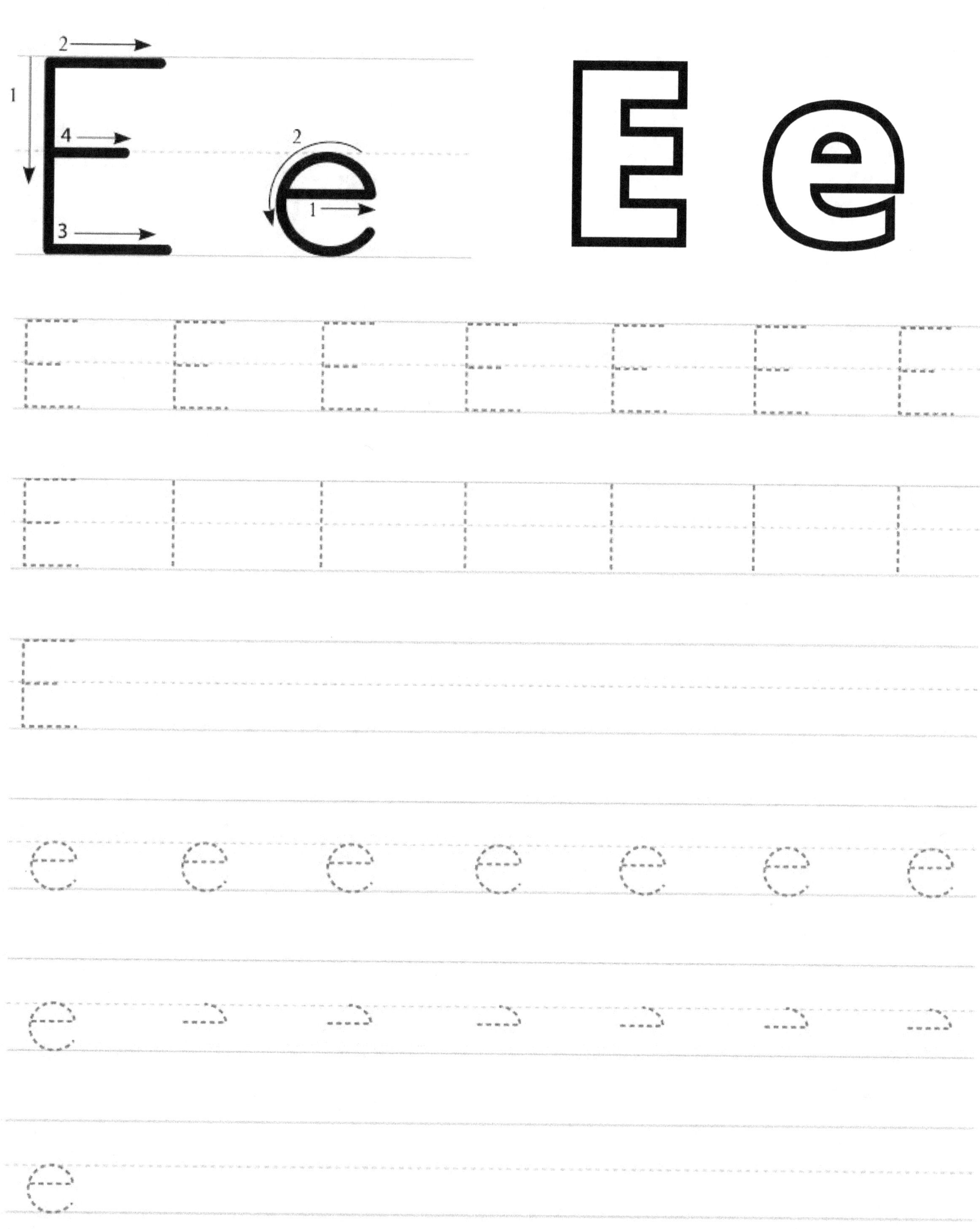

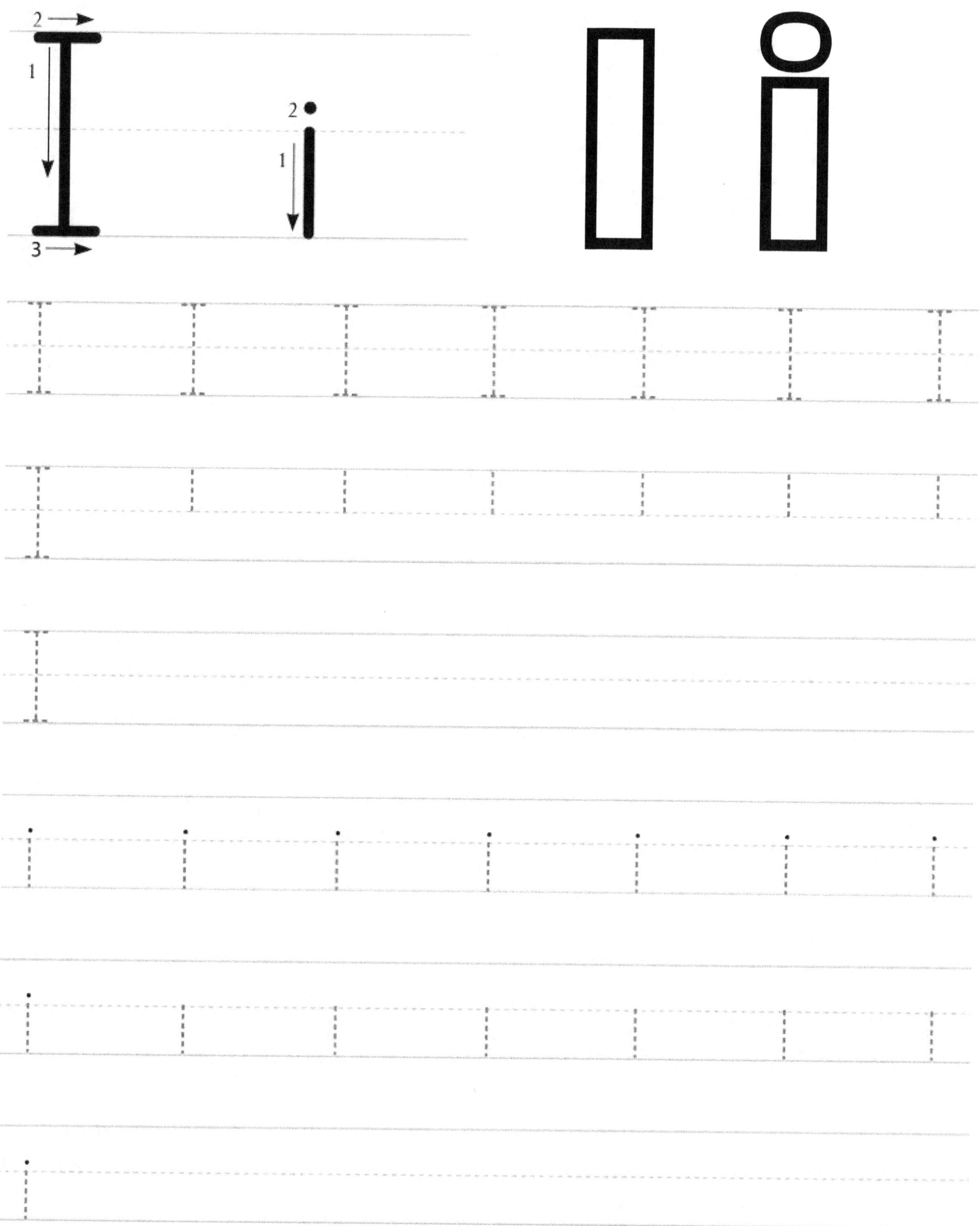

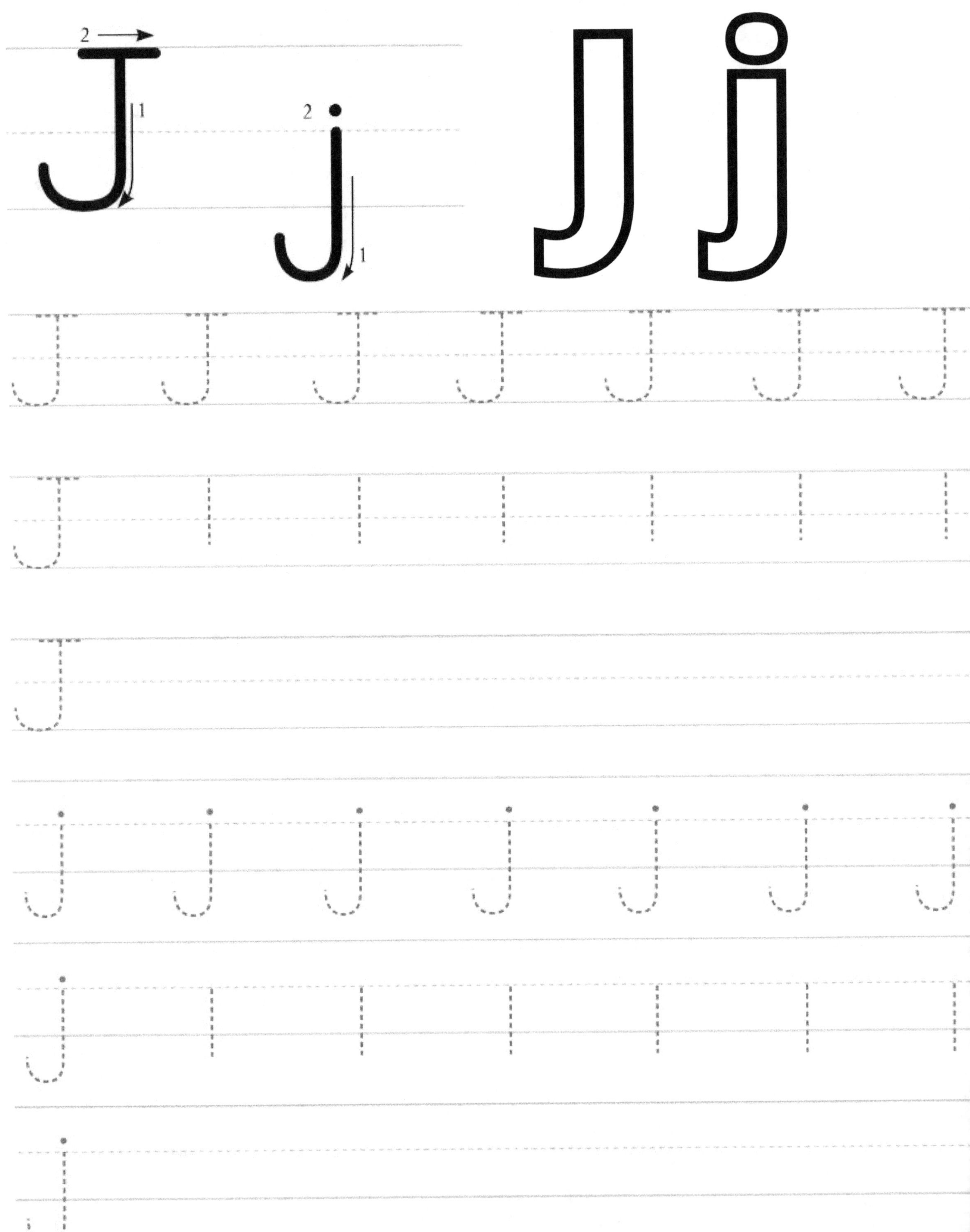

Q q Q q

1
2
3
Z
1
2
3
z
Z
z

PART 2

Coloring
Letters
Alphabet

A a

avocado

B b

bird

C c
crab

D d
dinosaur

E e

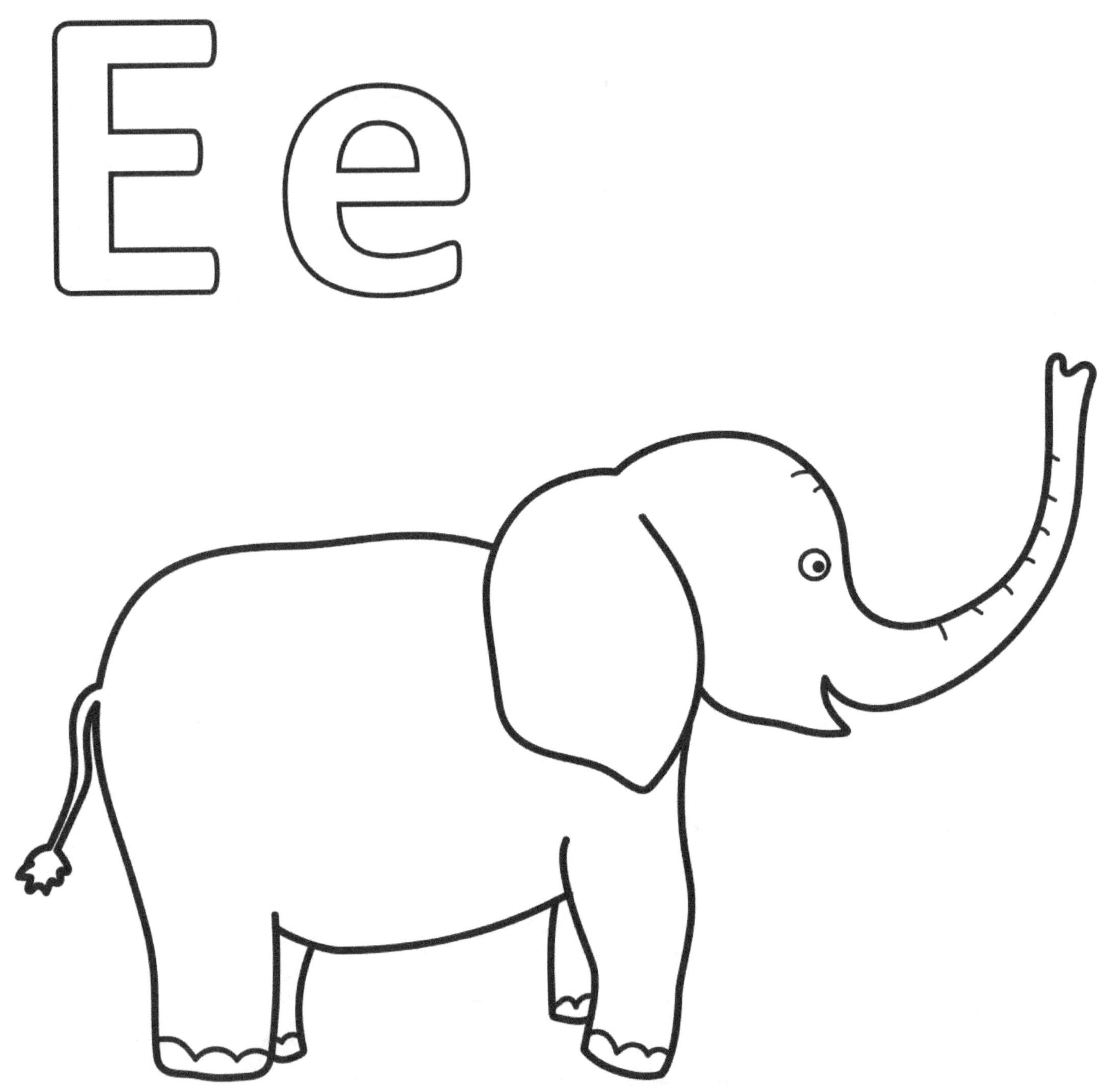

elephant

F f

fish

G g

gift

H h

hearts

Ii

island

J j

jewelry

K k

kite

L l

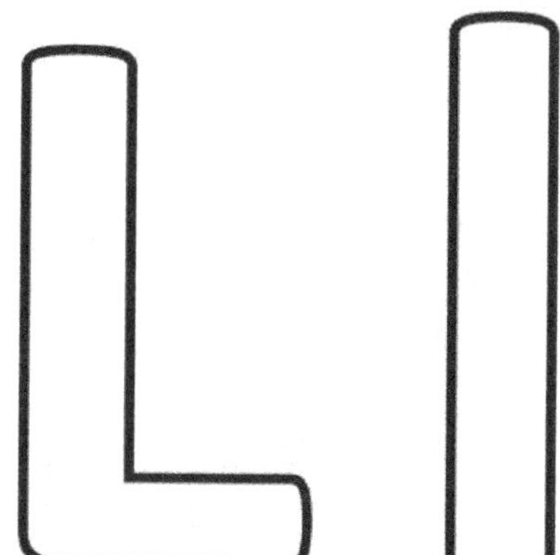

lemon

M m

muffin

N n

nest

Oo

octopus

P p

pie

Q q

quilt

R r

robot

S s

snail

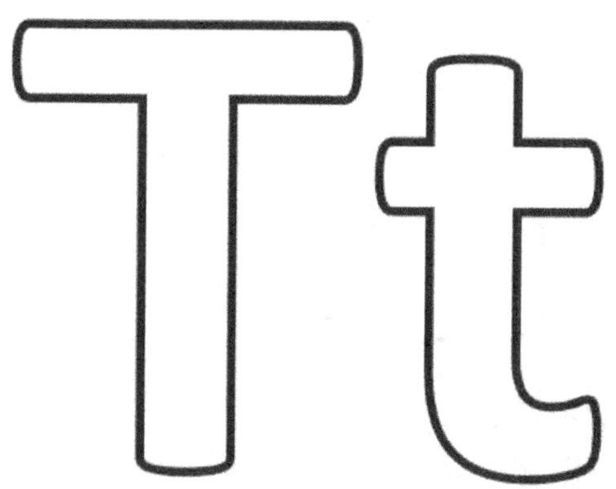

teacup

U u

ukulele

V v

volcano

W w

windmill

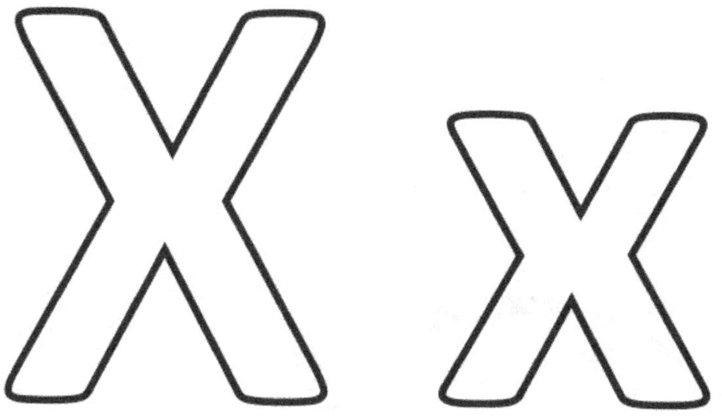

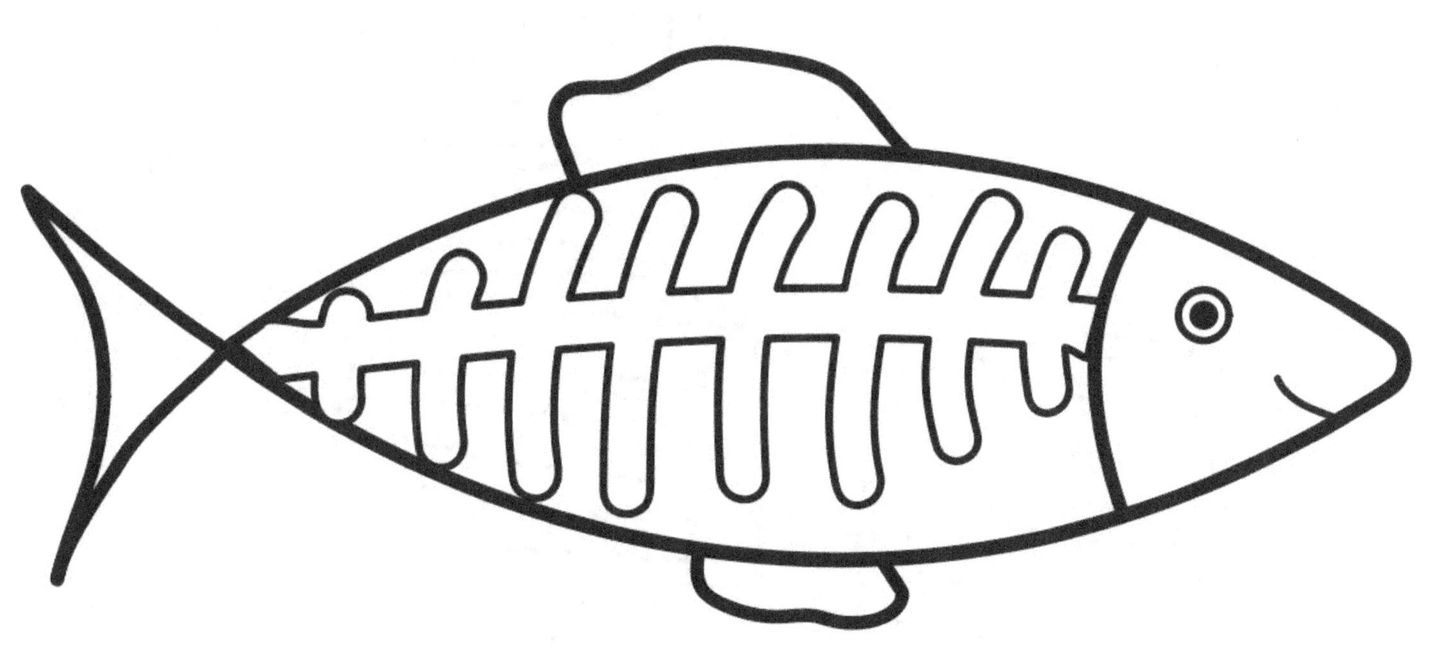

x-ray fish

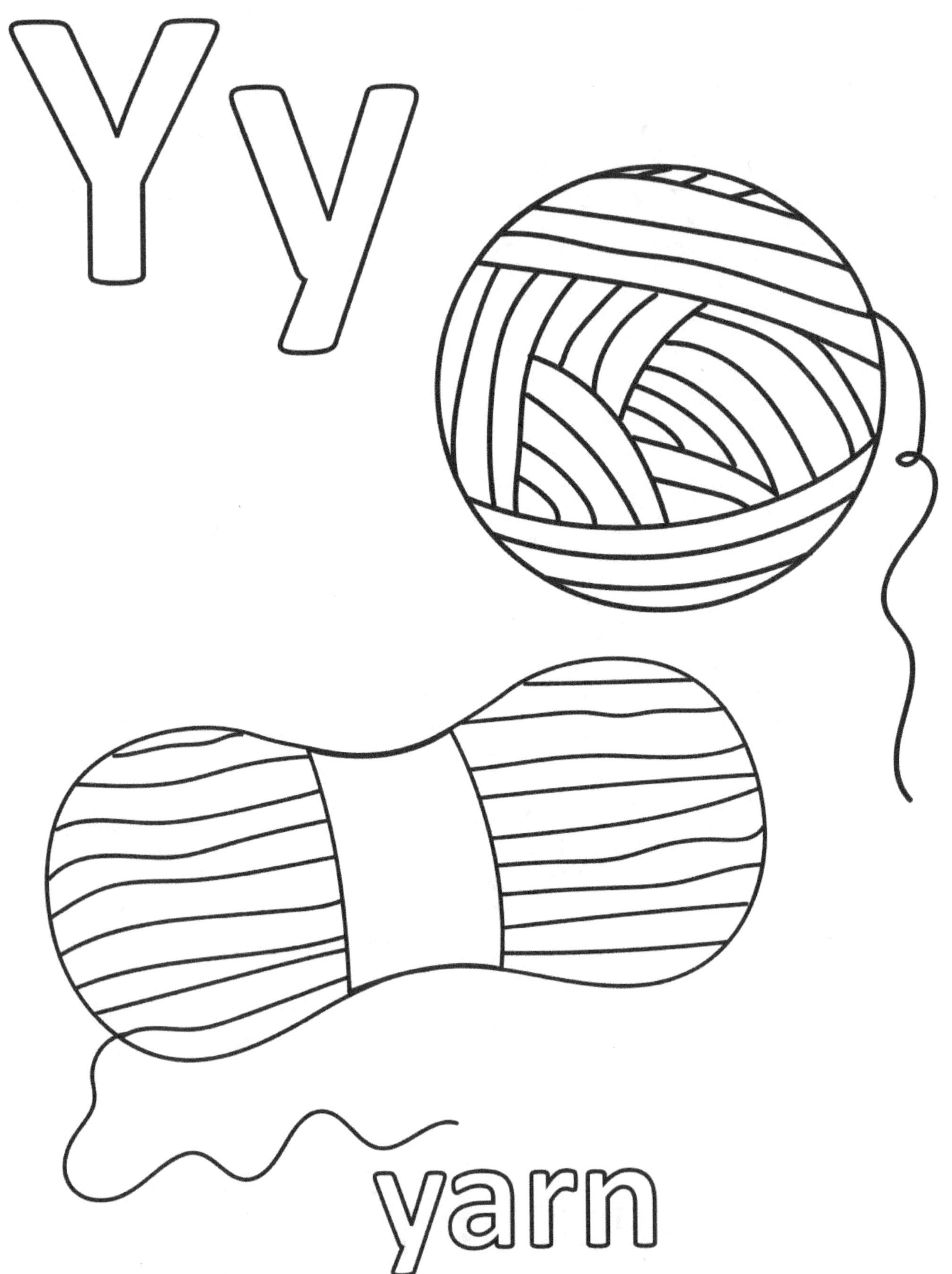

Y y
yarn

Z z

zebra

www.ingramcontent.com/pod-product-compliance
Lightning Source LLC
Chambersburg PA
CBHW080838160726
47999CB00009B/2944